AF509884

DISCOVRS FVNEBRE,

A L'HONNEVR DE LA MEMOIRE, DE TRES-CLEment, inuincible & triomphant, HENRY IIII. Roy de France & de Nauarre.

Par le Sieur de NERVEZE, *Secretaire de la Chambre du Roy.*

A PARIS,

Chez Anthoine du Brueil, au mont S. Hilaire, ruë d'Escosse à la Couronne.

M. DC. X.

Auec Priuilege du Roy.

A la Royne Regente,
Mere du Roy.

MADAME,
Il y a tant de
parties à loüer
en vos perfe-
ctions, tant de
plaintes a faire
en voſtre perte,
& tant de choſes à dire en noſtre malheur que ie ne ſçaurois par ou com-
mencer, ſi la douleur ne me preſſoit
de pouſſer pluſtoſt des regrets que des
loüanges. Mon eſprit donc qui ſuit
les mouuements de mon cœur s'eſt mis
ſur le diſcours de noſtre commune diſgrace, ſoudain qu'il s'eſt peu recognoi-

A ij

stre dans son estonnement, & qu'il a
peu prendre haleine en ceste mer de
larmes ou la France sembloit estre
submergee. Parmy ce triste exercice,
Madame, I'ay tâché d'exprimer, autant que le dueil me la voulu permettre les merites de ce Grand Roy,
pour qui vous portez le voile blanc,
& nous la liuree noire, mais ie ne croy
pas qu'ayant voulu representer en vn
mesme tableau l'image de ses vertus,
& celle de nostre infortune, i'aye peu
donner à sa gloire des couleurs assez
viues pour la faire dignement reco-
gnoistre. Aussi la parolle ne se pou-
uant bien former parmy les sanglots,
la mienne a begayé en parlant de ce
Monarque. Or, Madame, de toutes ces loüanges & de ces plainctes
que i'ay peu tirer d'vne ame affligee,
ma main en a formé le Discours Fu-
nebre que i'offre aux yeux de vostre

Majeſté, pour y prendre la conſola-
tion qu'on a de voir hõnorer & plain-
dre apres la mort, ce qu'on a cheremẽt
aymé durant la vie : A quoy tous les
François ont ſi paſſionnément contri-
bué leurs vœux & leurs voix, qu'il
ſemble que ceſte perte publique ſoit
tumbee toute entiere ſur chaſque par-
ticulier. Ainſi pleurans en ſubjets
pleins de zele enuers leur Prince, com-
me vous en eſpouſe pleine d'amour
pour ſon mary, nos pleurs ſe peuuent
iuſtement meſler auec les voſtres : mais
il eſt beſoin, Madame, ce me ſemble
d'eſſuyer vos yeux, puis qu'ayant en
vos mains le gouuernail de ceſt Eſtat:
ceſte authorité ſouueraine qui vous
oblige à la conſtance, pourroit retran-
cher quelque choſe de la biẽſeance de
vos larmes: encore que l'amour d'vne
eſpouſe qui a perdu pour iamais ſa che-
re moitié doiue faire approuuer les

A iij

longs souspirs que la prudence d'vne
Royne qui a vn grand Royaume à
regir pourroit desaduoüer: Car bien
que le gouuernement de la personne de
nostre Roy, vostre fils, & de ses Couronnes, vous soit vn puissant diuertis-
sement pour charmer vostre dueil: si
crois-ie qu'il vous sera mal-aisé de
vous empescher de souspirer, quand
soubs ce voile blanc qui couure à la fois
vostre teste, & mille merueilles: il
vous souuiendra que c'est la triste marque d'vn perpetuel vefuage, qui ne
vous touche pas tant pour vous priuer
de mary en la fleur de vos ans, que
pour vous auoir raui la compagnie du
plus grand Roy du monde, de qui les
vertus vous auroiët renduë assez glorieuse, quand les vostres ne vous eussent conduite au plus haut degré de la
gloire. Ie ne vous conuie point aux
pleurs, pour ne desplaire à la sagesse

d'vne grande Royne : Ie ne vous exhorte point à la patience, pour n'irri-
ter la douleur d'vne fidelle Espouse,
Vous sçaurez bien regler vos mouuemens pour satisfaire à tous les deux
& contenter en cela autruy & vous
mesme : Et puis, Madame, vous auez
assez de ressentiment de vostre perte,
sans vous en accroistre le regret & assez de cognoissance de nos necessitez
publiques pour mesnager vostre vie si
necessaire à vos enfans, & à toute la
France : Que si l'amour coniugal gai-
gnoit cela sur vostre prudence de vous
faire opiniastrer au dueil, C'est à
Dieu seul à l'appaiser, comme à celuy
a qui vous auez tousiours resigné vos
volontez, & de qui le thresor ne vous
est pas moins ouuert pour en tirer des
consolations, qu'il l'a esté pour y puiser
les graces dont il vous a comblee : Sa
bonté faira donc ce que l'art des hom-

mes n'oferoit entreprendre. Ie la re-
clame en cefte occafion, & la coniure
de remplir les iours de voftre vie de
tant de benedictions que ce Royal pu-
pille qui regne auiourd'huy foubs voftre fage tutelle puiffe arriuer heureu-
fement à fa Majorité, & trauerfer
vn regne fi long & fi glorieux que fes
profperitez vous facent perdre la memoire de vos ennuis, & fes actions re-
cognoiftre qu'il s'eft fidellement fou-
uenu de vos peines & du foin maternel que vous luy rendez, auec autant
d'amour, que i'ay de zele pour honorer
par mes tref-humbles feruices.

Madame,   Voftre tref humble
le nom de   & tref-obeïffant fer-
                uiteur & fujet.

NERVEZE

DISCOVRS FVNE-
bre, à l'honneur de la memoire, de
tref-clement, inuincible & triomphant, HENRY IIII.
Roy de France & de Nauarre.

'Eſtonnement eſtoit
trop grand, la douleur
trop forte, & la perte
trop ſenſible, pour a-
uoir la liberté de ſe
plaindre & pouuoir diſcourir de l'infortune que la France pleure & tout
le monde ſouſpire : En vn euenement
ſi prodigieux, l'eſprit ne pouuoit eſtre
capable de le bien conſiderer, ny la
voix paiſible pour en parler : C'eſtoit
acte de iugement d'eſtre ainſi eſton-
né, & prudence de reſigner à la pen-
ſee vn accident ſi tragique, auquel
toute ſorte de droicts diuins & hu-
mains ſe trouuans violez, il y falloit
encore penſer confuſement, & la rai-

son mesme y consentoit, comme si en
ceste occasion le desordre eust tenu
lieu de reglement. Il est certain que
les exemples des sinistres & estranges
accidents les font ordinairement regarder & ressentir auec moins d'effroy & de trouble : mais icy l'exemple
des mal-heurs semblables au nostre,
n'a peu rien diminuer , de la triste
frayeur qu'il nous a apportee soit que
nous ayons côsideré les vertus Roya-
les de la personne regretee,les circon-
stances du temps & des lieux , ou la
condition de celuy qui a damnable-
ment presté sa main à ce parricide.
Mais que dirons nous sur les rares
qualitez d'vn si grand Roy, sur le dô-
mage d'vne si grande perte , & l'abo-
mination de celuy qui nous la causee.
Tout est esgallement fort en ces trois
poincts, ou la gloire du premier se cô-
fond auec la douleur du second , &
tous les deux auec l'horreur du troisiesme qui ne se peut bien exprimer,
soit que l'vsage n'aye pas de termes assez expres,ou moy assez de force pour
les prononcer, Que si la relation du

meurtre au meurtrier ne nous obligeoit de nommer l'vn en parlant de
l'autre, il seroit plus necessaire d'en
esteindre la memoire, que de parler
d'vn homme si abominable, mais plu-
stot d'vn monstre si horrible qui fait
honte aux parens qui l'ont engendré,
a la terre qui la nourry, & au ciel qui
la veu naistre: bref qui est si odieux deuant Dieu & les hommes, que cest quasi
vn crime de l'auoir mis au monde, &
vn scandale à l'humanité qu'il aye eu
accez entre les viuans. Mais laissons
ces mots & ces pēsees d'horreur pour
dire les perfections de ce Monarque,
& les regrets de la France: meslons les
loüanges aux souspirs, & disons que
Henry IIII. du nom, & le premier en merite de tous les Roys du
monde, ayant acquis par le droict de
nature deux Couronnes Royalles, &
par celuy des armes mille Couronnes
de Laurier, mit son renō & son Estat à
vn si hault degré de gloire & de pros-
perité, que se faisant autant honnorer
pour ses vertus, que redouter pour sa
puissance. Il ne tint qu'à luy que par

des conqueſtes eſtrangeres il n'eſten-
dit plus auant les bornes de ſon Em-
pire: mais comme il preferoit la po-
ceſſion des cœurs à celle des Prouinces, il ayma mieux ſe faire aimer par la
douceur, que ſe faire craindre par la
force: de ſorte que rendant ſon ambition, comme priſonniere de ſa bonté, il ſe contenta de ſon Eſtat, que le
mal-heur du ſiecle luy auoit fait diſpu-
ter au millieu des batailles, & mode-
rant les appetits d'vn guerrier qui s'ef-
guiſent par l'entreſuitte des victoires,
il dompta ſon propre courage. Si que
victorieux de luy-meſme auſſi bien
que d'autruy, il refuſa la carte blanche
que la fortune offroit à ſon eſpee, cóme s'il euſt conſtitué ſa grandeur à ta-
cher de meriter pluſtoſt qu'à vouloir
acquerir. Que ſi en ſes derniers iours
on a veu ſa vaillance eſmeuë & preſte
à faire luire ſes armes, c'eſtoit pour
mettre la paix entre ſes voiſins, à quoy
il ſe portoit en Iuge qui vouloit faire
des accords & non en Prince qui vou-
lut faire des conqueſtes: encore qu'v-
ne ſi puiſſante armee que la ſiéne mar-

quat pluſtoſt le deſſein d'vn conque-
rant, que d'vn arbitre : mais il vouloit
teſmoigner que s'il pouuoit mettre
ſus tant de forces pour le ſecours
d'autruy, il en pourroit bien leuer dauantage pour ſon propre ſeruice: d'ail-
leurs, il ne ſe vouloit point engager
hors de ſon Eſtat qu'auec l'offenſiue
& la deffenſiue en main, ayant ceſte
conſideration pour ſes ennemis : car
pour ſes amis, il les fut allé trouuer à
vn beſoin auec ſa Cour ordinaire,
pour pacifier leurs differents, tant ſa
franchiſe expoſoit librement ſa perſonne, & tant il aimoit mieux qu'elle
fut gardee par ſes vertus que par ſes
gardes meſmes. Ainſi ſemble il que ceſte gráde franchiſe qui prodiguoit ſa
preſence aye eſté des complices de
noſtre malheur & de ſa perte. Les Ti-
rans veulent eſtre gardez, & leur mau-
uaiſe conſcience leur donne de la
crainte & de la deffiance : Les bons
Roys au contraire eſtans aſſeurez en
eux meſmes, le penſent eſtre enuers
tout le monde, & croyent que ce
grandnombre d'hommes qui les en-

uironne, sert plus à l'ornement de la Royauté qu'à la conseruatió de leurs personnes : Telle estoit l'humeur de nostre Prince, qui par vn exces de bóté, donna libre accez aux meschans d'attenter à sa vie, luy qui en auoit sauué tant d'autres, & tant espargné de sang, qu'il croyoit que ces miracles de sa clemence deussent charmer les ames les plus malicieuses, & conuertir en amour leur propre haine : Ainsi s'estimant Roy des cœurs aussi bien que des hommes, il n'eut iamais craint qu'vn homme l'eut voulu parricidement attaquer dans le cœur de son Royaume : acte le plus mal-heureux, le plus perfide & le plus execrable qui se pouuoit iamais commettre, qu'vn seul homme aye fait mourir vn chef qui auoit si souuent triomphé dans les armees, qu'vn subjet aye attēté sur la vie de son Roy, & vn Chrestien sur l'oinct du Seigneur tant recommandé par les loix sacrees & ciuiles, le iugement se perd en ceste cósideration : mais il est superflu de parler de l'enormité de ce fait : par tout où

sera la raison, la se trouuera l'horreur
de ce crime, duquel les François ont
receu vn si grãd coup de douleur que
les larmes n'ont pas coulé auec moins
d'abondãce de leurs yeux, que le sang
de la playe de leur Prince, & sembloit
qu'ils voulussent obseruer la Loy, qui
obligeoit anciennement les peuples
d'Arabie de courre la mesme fortune
de leur Roy, croyans qu'il estoit mal *Athen.lin.*
seant de le suruiure. De maniere que *6.*
le peuple François nõ moins zelé que
ceux-là eut voulu suiure vne mesme
aduenture, si les regles du Christianis-
me l'eussent permis, aussi bien que celles de l'amour: mais la Noblesse Fran-
çoise eut bien desiré aussi soubs la dis-
pence de sa iuste douleur, d'imiter l'e-
xemple des six cens Gentils-hommes
qui accompagnoient ordinairement
Adratomus, iadis Roy des Gaules, les- *Nicol. de*
quels deuoient mourir incontinent a- *Damascene*
pres luy, & d'vne mort semblable à la *116. de son*
sienne. Si qu'en ceste tragique iour- *Histoire.*
nee en laquelle nous vismes eclipser
nostre Soleil François, Nous pouuõs *Virgile. 2.*
dire ce que le Poëte disoit du sac de *Eneid.*

Troye que les pleurs & l'effroy estoiẽt
de toutes parts, & que par tout se pre-
sentoit l'image de la mort. Mais ce
n'est pas seulemẽt la France qui pleure, les autres Prouinces en souspirent,
& me semble bien seãt & loüable aux
Roys & aux Princes estrangers, de
prendre part à ce mal-heur, & de donner loy par leur exemple à leurs cour-
tisans de porter les noires liurees de
nostre infortune : c'est genereusemẽt
fait à eux, de regretter vn si grand
Roy, puis que sa mort touche à toute
la Chrestienté, & qu'il auoit contri-
bué son soing & sa prudence pour y
rendre la paix vniuerselle, & m'asseu-
re que les infidelles mesmes luy don-
neront fidellement des souspirs, afin
que les regrets de sa mort se trouuent
par tout ou la renommee a porté les
loüanges de sa vie : Ceste douleur
ne marque pas seulement vn acte
genereux, la charité Chrestienne si
trouue meslee, quand par le bene-
fice de la meditation, les Roys voyans l'image de leur condition repre-
sentee en la mort de leurs semblables,
plaignent

plaignent particulieremĕt ceux dõt vne fin violente haſte leur deſtinee. Les Roys du monde ſont freres à til-tre de ſang Royal, ils releuent tous d'vn meſme Souuerain, qui leur re-prochera par regles de iuſtice ce qu'-ils pratiquent entre - eux par maxi-mes d'eſtat, leſquelles authoriſees par la jalouſie de leurs grandeurs, les eſloignent bien ſouuent de l'amour & de la charité qu'ils ſe doiuent reci-proquement : Et bien - heureux ceux qui ſ'eſtans comportez modeſtemĕt enuers leurs voiſins, & equitable-ment enuers leurs peuples, auront veſcu en Roys qui ſe ſont attendus de rendre compte de leurs charges à celuy qui leur a donné les Couron-nes. Les plus magnanimes ont ac-couſtumé de pleurer leurs propres ennemis. Nous priſons les larmes que Ceſar reſpendit ſur les cendres de Pompee : Les paſſions de l'iraſci-ble ſe trouuent deſarmees de leurs furies ſur le tõbeau de leurs objets, elles font place à la pitié, qui fait bien ſouuent donner des pleurs à

C

ceux à qui l'ambition a voulu pro-
curer du dommage : Mais où font
ces boucliers dont Homere dit que
Iupiter couure les Roys pour les dé-
fendre ? Où eft ce foin Paternel du
Tout puiffant, qui auoit dégagé noftre Prince de tant de perils, lors que
le conduifant comme par la main
fur le throfne de cefte Monarchie,
il le fit paffer au trauers du fer, du feu
& de la flamme, faifant autant de miracles pour le fauuer du danger, qu'il
a fait depuis de merueilles pour af-
feurer fon Sceptre. Mais, ô Seigneur!
fans m'arrefter au dire de ce Poëte
Payen qui allegue vn faux Dieu, &
parlant à vous par vn tiltre plus fort,
& vne authorité plus faincte; Que
font deuenuës ces paroles que vous
auez dites par la bouche du Sage,
Que le cœur des Roys eft en vos
mains, & que vous guidez leurs pas?
Pourquoy apres tant de benedictiõs
dont vous nous auiez comblez en la
perfonne de noftre Roy, & qui luy
promettoient vn regne longuement
heureux, auez-vous permis qu'vne

nûict si tenebreuse nous priuast à jamais de sa lumiere, si douce à nos yeux, si venerable aux estrangers, & si chere à tout le monde? Et pourquoy, vous à qui nous referions la gloire de ses faits, qui estiez reclamé en les combats, & exalté en ses victoires, auez vous permis qu'il nous feut parricidement rauy au fort de ses prosperitez, au comble de nos joyes, & au milieu de nos plus douces esperances; Las, Seigneur, l'œil & l'oreille de vostre presciéce auoiét déja veu & ouy nos pleurs & nos plaîtes auant que nous vissions nos malheurs; Vous auiez leu dãs le cœur du meurtrier ses cõspiratiõs dãnables. Il marchoit insolãment deuant vous& traistreusement deuãt les hommes le fer en sa main pour répédre le sang de vostre viuante image, de vostre oingt mon Dieu, qui estoit plustost sacré de vostre main que de celle des hommes, cependant ny la pitié de nos pleurs, ny l'horreur du malefice, n'ont peu attirer sur nous vostre secours pour arrester ce coup de noſtre diſgrace. Las de combien de plaintes fraperions nous vos cieux, s'il nous eſtoit permis de raiſonner auec vous, & ſi nous ne craigniõs de murmurer contre vous meſme; qui nous pouuez honteuſement fermer la bouche en nous diſant que nos pechez nous font meriter ceſte infortune : & qu'encores vous nous auez fait grace de donner à ceſt Eſtat vn Roy qui ſera l'image de ſon pere & vne Princeſſe qui à tiltre de Mere & Regente, rēdra à ſon fils tout ce qu'il peut deſirer de ſon amour maternel, & à ſon peuple ce qu'il doit eſperer de ſa prudence Royalle; ſi bien qu'en ceſte glorieuſe Regence où elle eſt appellee, il ſemblera que nous n'aurons perdu que le plaiſir que nous auions de voir le front venerable de ce Monarque, & l'honneur de viure ſoubs ſa lumiere : Ainſi Seigneur, limitant noſtre malheur & noſtre chaſtiment de la ſeule perte de ſa perſonne, vous auez en pitié de la France, & n'auez pas voulu permettre que les ciprez de ſon Roy terniſſent ſes

Lys si florissans depuis tãt de siecles,
aussi y alloit il de vostre interest puis
que de toutes les prouinces qui sont
escheuës en partage à vos autels la
France vous est la plus fidelle & la
plus zelee: Car si jamais vostre nom
fut exalté, vos merueilles celebrees
& vostre puissance recogneuë, c'est
parmy les François, comme vos tem-
ples & vostre firmament qui flairent
tous les iours l'encens de nos sacrifi-
ces, vous en rendent fidelle tesmoi-
gnage; Si que la France se vante sainctement d'estre la fille aisnee de vostre Eglise, & nulle des natiõs Chre-
stiennes ne luy conteste ce droit
d'aisnesse. Ce n'est pas, Seigneur, que
j'auance ce langage pour en former
nostre iustification, ie parle de la foy
& religion publique & non de nostre vie particuliere qui n'est que
trop criminelle: mais si nous vous
recognoissons cõme Chrestiẽs, nous
vous offencons comme hommes: Et
vous, Seigneur, maintenez cest Estat
comme Dieu prouident pour le bien
public & l'honneur de vostre nom

que nous beniſſons au milieu de nos
regrets,& la meſme bouche qui ſouſpire nos malheurs prononce vos
louanges , leſquelles demandant le
cœur tout entier nous ne les pou-
uons dignement ny paiſiblement
proferer , la douleur occupant encore noſtre organe pour ſouſpirer
des plaintes. Puis dõc, Seigneur,que
vous ne pouuez eſtre loüé qu'à mots
interrompus,permettez nous de deſ-
charger nos cœurs remplis de triſtes
mouuemens, afin de vous laiſſer la
place libre, & laiſſez moy reprendre
mon haleine pour parler de nos diſ-
graces aux hommes. Que ie die donc
ce que nous auons perdu en general
& en particulier, que j'examine noſtre perte pour la pleurer & la faire
plaindre : Mais que les ennemis de la
France ne penſent point tirer aucun
auantage de nos larmes; le Roy vit,
& bien que ieune ame n'aguere in-
fuſe dans l'Eſtat elle agit prudem-
ment par l'organe de ſes miniſtres, ie
dis que l'enfance de noſtre Prince
aſſiſtée de la prudẽce de ſa mere,&de

ſon Conſeil, maintient ce Royaume
en ſa proſperité: Cecy donc ſoit dit
pour diuertir nos ennemis de baſtir
des deſſeins ſur nos malheurs, puis
qu'ils bleſſent plus le repos des particuliers que le bien de la choſe publique. Il eſt hors de diſpute que par
la priuation de ce que nous aymons
nous en cognoiſſons mieux le prix
que par la jouïſſance, durant laquelle le plaiſir de la poſſeſſion nous em-
peſche d'en bien conſiderer le merite, qui ſe deſcouure entierement à
nous apres la perte: car lors l'amour
& la douleur ſe joignent enſemble
pour eſprouuer le iugement, & con-
traindre la memoire de ſe ſouuenir
de toutes les actions & traits ayma-
bles que nous auons veuës en la perſonne que nous auons perduë. Ainſi
durant que nous jouïſſions de la preſence de ce grand Roy, nos eſprits
eſtoient ſi tranſportez de joye, que
nous le regardions plus pour l'admi-
rer & l'adorer que pour en examiner
les perfections: Maintenãt que nous
ſommes priuez de cet object venera-

ble , & que les yeux du corps font
place à ceux de l'efprit , nous confi.
derôs fes merites en toutes leurs parties, & y trouuons tant de circon-
ftâces à loüer, que par la cognoiffan-
ce de leur pris nous venons à celle
de noftre dommage : Ie laiffe à l'hi-
ftoire à difcourir particulierement
des ouurages de fon efpee qui a efga-
lé le nombre de fes victoires à celuy
de fes combats : & m'arrefte à fes autres actions perfonnelles, efquelles
reluifoit vne bonté Royalle qui le
rendoit fi affable & communicable
à tout le monde qu'il faifoit les actes
d'vn grand Roy en ne dédaignant
point les fimples hommes : Bref, fa
perfonne eftoit fi plaine de charmes
que le regarder & luy dôner le cœur
eftoit vne mefme chofe : Son meurtrier mefme a confeffé que fes re-
gards attrayans auoient fouuent de-
farmé fon cœur de fon pernicieux
deffein, côme fi le mauuais Demon
qui le guidoit eut flechy fous la reuerence de cefte Royalle Majefté:
Mais ie m'efcarte du difcours de noftre

ſtre douleur qui a ſi viuement at-
taint ſa Nobleſſe & particulieremēt
ſes familiers, qu'elle ne ſe peut exprimer qu'auec le voile d'Agamemnō,
& à la verité elle eſt ſi iuſte qu'on
en doit pluſtoſt approuuer la duree,
qu'en condemner l'extremité, car
ils ne verront plus ce grand Roy de
qui le viſage & les bras leurs eſtoient
ſi ouuerts & de qui l'œil riant & l'a-
ction ſi franche & ſi Françoiſe leur
eſtoiēt des doux appas qui excitoiēt
leur amour & leur zele, & n'eſt point
eſtrange, s'ils demandent encore vn
delay à la prudence pour ſe reſoudre
à la conſolation qu'elle leur offre; il
eſt aiſé à l'eſprit fauoriſé du temps,
de s'imaginer qu'il faut en fin oublier toute ſorte d'accidens, & que
moins il y a de remede, tant pluſtoſt
le doit on faire: mais en vn malheur
de la qualité du noſtre, qui nous ra-
uit vn Roy, vn pere & vn maiſtre, le
iugement n'a pas la force de former
ceſte reſolution, & la raiſon meſme
incline plus au party de la douleur
que de la patience: Cecy a particu-

D

lierement lieu pour eux qui auoient
honorablement vieilly à son serui-
ce, accompagné la personne aux perils de la guerre, & qui esperoient encore de le suiure dans les armees
pour seruir aux derniers honneurs
de ses triomphes ; esperance qui se
partageoit entre nos ieunes Caual-
liers, que Mars n'a point encore veu
dans ses pleines, & de qui les courages prisonniers de la paix attendoiét
maintenant leur liberté pour tirer
l'espee deuant leur Prince : Mais
quoy ? ceste esperance estant morte
auec luy, il faut que les vieux se con-
tentent de ce qu'ils ont veu & de ce
qu'ils ont fait, qu'ils s'estiment bien-
heureux parmy leur malheur d'auoir
veu le siecle de ce grand Roy, & com-
batu victorieusement soubs luy &
pour luy mesme ; laissans vn exemple de leurs courages & de leur fide-
lité à ceux qui viennent soubs la lumiere de son successeur, de ce Soleil
leuant que nous adorons , & qu'ils
peuuent accompagner en toutes les
saisons de sa course glorieuse : car

pour nous qui aprocherons de noſtre couchant à meſure qu'il arriuera
à ſon midy, nous leur reſignons l'eſ-
perance de voir les iours de ſa gloire,
auſquels ils trouueront au fils ce que
nous auons perdu au pere ; & bien-
heureux ceux de qui les annees marchent d'vn meſme pas auec les ſien-
nes, s'ils n'ont point eu le reſſenti-
ment de noſtre bonheur paſſé , ils
n'ont pas auſſi celuy de noſtre infortune preſente, qu'ils peuuent mieux
remarquer en nos pleurs qu'en leur
propre iugement, & dont ils ſe ſou-
uiendront vn jour , comme d'vne
choſe qu'ils auront veuë en vn âge
d'innocence:mais nous qui cognoiſ-
ſions ce Prince & qui pour l'intereſt
de l'amour de ſes vertus pluſtoſt que
pour celuy de nos fortunes, le pleu-
rôs & le plaignôs, nous en aurôs vne
eternelle ſouuenance & diſputerons
en nous meſme quel des deux ſera
plus grand, ou l'heur d'auoir veu vne
vie ſi glorieuſe,ou le malheur d'auoir
veu vne mort ſi lamentable. Ouy
grand Roy,nous aurons ce ſouuenir,

D ij

& ton Image plus fidelement emprainte dans nos cœurs que sur les
marbres sera de nous cherement ay-
mee & sainctement adoree. Hephe-
stion & Parmenion familiers d'Alexandre partageoient leur affection à
sa personne & à sa Royauté, l'vn ay-
moit Alexandre & l'autre le Roy:
mais nous disons sans diuiser nostre
amour que nous aymions HENRY &
le Roy tout ensemble, & encore la
balance de cest amour tomboit plu-
stoft du costé de ta personne que de
ta Royauté : car tu ne meritois pas
seulement ce que la naissance t'auoit
acquis en l'heritage de tes ayeulx,
mais si le Ciel eut voulu reduire les
Royaumes de la terre en vne seule
Monarchie, tu estois digne d'en porter le sceptre: Tous ceux qui t'ōt veu
& cogneu suyuront ceste opinion
qui est si iuste que sur le gage sacré de
tes vertus Royalles la verité se rend
plege de mon dire: C'est ainsi que ie
parle de toy, non dauantage par affection que par cognoissance, bien
qu'il semble que le zele & la dou-

leur guident ma plume que tes merites auoient defia dreffee au difcours des loüanges, & qui ne te pou-
uant plus loüer viuant, celebre ton
nom apres ta mort, comme vn riche
trefor qui demeurera en la memoire
des hommes, & que mon cœur por-
tera fouuent en mes leures, afin que
ma bouche defoblige en quelque
forte mes yeux de la grace qu'ils ont
eu de te voir, & fe defoblige elle mefme de l'honneur qu'elle a eu de te
parler ; C'eft tout le foulagement
qu'on trouue en vne perte infuppor-
table, c'eft le fecours qu'õ tire du milieu du defefpoir, & la feule reffour-
ce que la mort laiffe à l'amour; & bref
c'eft la derniere confolation, qui re-
fte de pouuoir plaindre & loüer ce
que l'on a perdu & cherement aymé.
Cependant tes autres feruiteurs, &
principalement les Miniftres que tu
as laiffez pour feruir ceft Eftat, con-
tinueront à ton fils noftre Roy, & à
la Royne fa Mere leurs fidelles feruices; ils l'ont iuré entre leurs mains,
& le promettét à tes cendres, prote-

ſtans ce me ſemble en leur dueil
qu'ils ne deſirent de viure que pour
ce ſubjet, ſans lequel la vie leur ſe-
roit ennuieuſe, puis que tu as empor-
té auec toy tous leurs plaiſirs & leurs
delices, & qu'il ne leur reſte que le
contentement qu'on a de ſeruir les
enfans apres la mort du pere, choſe
que tu leur euſſes eſtroittement re-
commandee, ſi la rigueur de ta playe
mortelle t'eut donné le temps de
leur parler & leur dire a Dieu, comme à tes creatures & fidelles compagnons de tes trauaux : mais leur honneur & leur conſcience ſuppleeront
au deffaut de ta parolle, & tes derniers ſouſpirs leur ſeruiront de com-
mandement & de prieres, pour les
rendre ſi ſoigneux & ſi zelez au ſalut
de la France qu'il ſemblera, bien que
tu ſois mort pour leurs contente-
mens particuliers que tu ſois tou-
ſiours viuant pour le bien du public,
auquel tous les François accordent
d'autant plus ardãment leurs vœux,
que leur amour en ton endroit eſtoit
extréme; Amour qui a pareu en leur

affliction, & qui d'vne iufte furie les
anima fi fort contre ton meurtrier,
que fi le peuple Romain à la veüe de
la robe fanglante de Cefar couroit le
fer & le feu en la main aux maifons
de fes Affaffins, ton peuple à la veüe
de ce Parricide vouloit eftre l'exe-
cuteur des arrefts de tõ Parlement,
tant fa fureur honorée de fon zele,
eftoit ardente à defchirer le corps de
ce criminel, dont l'horreur a fait leuer le bandeau des yeux de ta iuftice
pour le voir comme vn monftre prodigieux,& le condamner comme vn
homme abominable : Elle a fatisfait
aux loix en cefte cõdamnation, mais
non à fa douleur en ta perte,laquelle
euft abatu tes iufticiers fous l'effort
du regret, fi comme ta iuftice mefme qui fouftient l'Eftat elle ne fe fût
fagement roidie contre le malheur,
pour retirer diligẽmẽt cefte Royauté de fon fincope , & la viuifier par
la reception d'vn nouueau Roy , en
quoy elle n'a pas tefmoigné moins
de prudence que de zele, agiffant en
l'vn cõme Miniftres d'Eftat,en l'au-

ere comme tes feruiteurs particuliers & en tous les deux comme vn
Senat jaloux du bien & de la grandeur de cefte Monarchie. Repofe ô
grand Monarque au fejour des bien-
heureux! non plus auec les Couron-
nes qu'on acquiert fur la terre par
droit de fucceffion hereditaire, mais
auec celles qu'on reçoit dans le Ciel
par le droit de la grace & de la pieté,
contemple les merueilles qui font
parmy les Anges pendant que nous
celebrerons les tiennes entre les hô-
mes; Sçache que tout ce que nous a-
uons veu & admiré en toy fera loüé
de temps en temps, non feulement
en France, & par les François: mais
par toutes les nations eftrangeres;
Ces deuoirs font tellement deubs à
tes vertus, que le Soleil cachera fes
rayons à ceux qui tairont tes loüanges, & nul des viuans ne fera excufé
en ce filence, puis que ton nom eft
refpendu par tout où ceft aftre ref-
pend fa lumiere, le Ciel mefme tien-
dra pour impies, & pour ingrats ceux
qui ne loüeront point en toy fon
chef

chef d'œuure: car tu ne portois pas
seulement le charactere sacré de sa
diuine Image: mais comme vn abregé de ses merueilles; son amour & sa
puissance reluisoient en ta personne.
Voila ce que ie dis, animé par tes merites qui demeureront en nos esprits
comme les plus belles Idees & les
plus rares images qu'ils pourroient
tirer des merueilles du monde, d'où
tu es party si soudainement qu'il semble que tu ayes esté plustost rauy de
nos yeux que tué entre nos bras; Et
n'y a celuy qui ayant veu dans ton lit
ton palle visage, & arrosé pieusemét
tes pieds d'eau & de larmes, ne de-
mente sa propre cognoissance pour
s'imaginer que ta mort est vn songe,
comme si l'excez de l'estonnement
nous donnant ceste illusion, nous te-
nions nos sens pour des trompeurs
quand ils nous asseurent du contraire: mais si les faut il croire puis qu'ils
voyent & entendent dans ton Lou-
ure les tesmoignages de nostre malheur, que ceste Cour Royalle qui
souloit enuironner ta personne n'en-

E

uironne que ton effigie, & que tous
ces ornemens funebres, ces flam-
beaux mortuaires,&ces concerts de.
uotemēt triftes,ne font que des marques trop manifeftes de cefte cruelle
verité, qui frape nos cœurs par l'œil
& par l'oreille, & que ie reſſens auec
vn regret proportionné à noftre perte; Que fi i'auois autant d'efprit que
de trifteſſe, ie l'exprimerois mieux &
parlerois plus capablement de tes
vertus, bien que quand i'aurois le
don d'eloquēce pour embellir ce difcours de fleurs de rethorique, i'aurois trop d'efpines au cœur pour les
pouuoir efclorre : Auſſi quitte ie la
plume à ces grands perfonnages qui
t'ont veu & cogneu, & particulierement à ceux que tu as eſleuez dans le
monde : car fi jamais les arts & les
fciences deurēt eftre employez pour
honorer vn grand Monarque, c'eft
pour toy qui leur fers d'vne matiere
fi riche, que c'eft les honorer de leur
faire celebrer tes louãges; L'antiquité m'offriroit bien fes Roys & fes
Empereurs qu'elle vante en fes ef-

crits pour les comparer à toy : mais
ie trouue tant d'inefgalité de leur
gloire à la tienne, que ie n'en puis
faire vne iufte comparaifon : de forte
que n'y ayant jamais rien eu de pareil
à toy que toy mefme, ny efperance
qu'à l'aduenir nul te puiffe efgaller
fi ce ne font tes enfans, ie ne te donne point de compagnons en tes honneurs, que ie laiffe encore vne fois à
la plume & à la voix diferte de ces do-
ctes Genies de noftre fiecle, afin qu'é-
galans leur eloquence à noftre dueil.
ils parlent dignement de tes effets,
qui font fi miraculeufement glorieux, que la pofterité fera difficulté
de les croire fur la foy de nos hiftoi-
res : car ta vie fera douter de ta mort,
ou ta mort de ta vie, tant elles font
diffemblables, fi ce n'eft que la pro-
portion fe trouue en la grandeur des
merüeilles de l'vne & du malheur de
l'autre. Malheur qui ne peut en rien
obfcurcir la fplendeur de ton nom,
puis que t'ayant furpris il t'a ofté le
moyen de mourir, comme tu auois
vefcu, & nous eft bien croyable que

ſi la deſtinee t'euſt donné le choix
du treſpas , tu l'euſſes voulu cher-
cher dans les batailles, pour laiſſer la
vie au meſme lieu où ton courage a-
uoit receu la gloire , & où ta Noblef-
ſe euſt volontiers reſpandu ſon ſang
pour eſpargner le tien, cherchant encore dans les voyes de la gloire que
tu luy auois perilleuſement tracees,
des playes honorables pour ſignaller
ſon zele & ſon courage, qui t'ayant
ſeruy contre de puiſſantes forces, ne
t'a peu deffendre contre vn ſeul
homme:C'eſt là ſa douleur, c'eſt là le
deſeſpoir de tes gendarmes, & le regret des ſoldats François qui ne
voyans plus dans les armees leur
Roy & leur Capitaine, portent les
yeux, & les armes bas & marchent
auſſi toſt ſoubs les enſeignes de la
douleur que ſoubs celles de la guerre; Auſſi les aymois tu, auſſi les ap-
pellois tu par leurs noms, que tu co-
gnoiſſois auſſi bien que leurs courages, auſſi t'adoroient ils, & te ſuiuoiét
comme leur Mars, animez d'vn a-
mour pareil à celuy que les ſoldats

Romains ſouloiēt porter à Marc Anthoine , quand les nōmans par leurs
propres noms , & parlant à eux fami-
lierement , il leur faiſoit trauerſer
loing de leur terre les deſerts & les
montaignes , parmy les plus auſte-
res neceſſitez qui ſe trouuent en vne
guerre eſtrangere. Les ſoldats ont
donc perdu en toy le plaiſir & l'ornement des armes, & les armees veſ-
ues de ta preſence ne ſe ſouciēt point
que la paix leur donne congé, puis
qu'elles ne peuuent plus voir ton
bras triomphant qui leur donnoit libre accez parmy les victoires : Nous
eſtions trop heureux, ſi nous euſſions
encore iouy de tes beaux iours ; le
Ciel ne l'a pas voulu , comme ſi par
quelque ſecrette jalouſie , il eut
craint que nous t'euſſions à la fin a-
doré comme vn Dieu , car deſia les
miracles de tes faits faiſoient paſſer
noſtre amour en adoration, nō comme enuers vn ſubjet purement di-
uin , ny auſſi ſimplement humain,
mais cōme tenant de tous les deux:
& ſoit que la raiſon me le face croire,

E iij

ou que le zele me le face dire, ma creance & mon difcours feront receus de tous les iugemens, qui ayans cogneu ton prix, verront bien que c'eft quelque deftin enuieux qui a emprunté vne main parricide, penfant abattre ta gloire auec ta perfonne; mais ton nom qui a toufiours efté à couuert de tes lauriers, n'a peu eftre bleffé de ce coup de foudre, au côtraire tu as adioufté à tes hôneurs cet auantage qu'il n'a pas tenu à toy que ta fin n'aye efté auffi glorieufe que ton commencement; de forte que n'en ayant peu faire voir les effets par la furprife de ta mort, tu en as laiffé les apparences par les actiôs de ta vie, fur lefquelles, comme fur des colomnes affeurees, nous auions fondé l'efperance que les triomphes te fuyuroient iufques à ta fin, & que cefte fin n'arriueroit qu'au temps que toy mefme ferois content de partir de ce monde, & de refigner à ton fils l'heritage de tes peres: Ta vie n'euft point manqué à noftre efpoir fi le fort n'eut abregé ta vie, qui tou-

tefois a esté assez longue, si nous a-
uons esgard à ta gloire, & trop cour-
te si nous considerons nostre interest: Car tu as vescu si glorieusement,
que si jamais vn iuste regret touche
l'ame de nos nepueux, ce sera pour
n'auoir eu cet heur de voir le siecle
de tes merueilles & la lumiere de ta
face; ils le regreteront & auec plus
de raison que ceux qui souspiroient
de n'auoir veu le regne d'Auguste
& de Trajan. En ce regret ils porte-
ront enuie à nos yeux, laquelle s'en-
flammera d'autant plus qu'ils verront de toutes parts les marques de
ta magnificence, qui sera à jamais ce-
lebrée par les hommes, au nom de
qui ie te promets ces hõmages eter-
nels, & prens leur raison pour ga-
rend de ma parolle, sçachant bien
qu'ils ne peuuẽt porter tiltre d'hommes, & me rendre menteur tout ensemble: mais non seulement seras tu
celebré des mortels, ains encore par
les pierres & les marbres où les Arts
ont laissé vne eternelle emprainte
de ton image & de ta gloire; Les fon-

taines mesme, que tu as ornees d'ad-
mirables statues, & dõt tu as fait des
fleuues au milieu desrochers discour-
ront en leur murmure, de ta grandeur Royalle, qui forçant la nature a
rendu les deserts delicieusement ha-
bitables, si que les eaux & la terre s'a-
cordans en ce concert de tes magni-
ficences, les feront cognoistre suc-
cessiuement de pere en fils, & iusques
à la derniere generation des hommes: Voila grand Roy, cõme ta memoire passera en l'eternité des cho-
ses memorables pour estre loüée des
voix viuantes & des matieres inani-
mées. Or pendant que tes os repose-
ront en ta Royalle sepulture, & ton
nom dans le sein de l'immortalité,
repose glorieux Monarque dans le
celeste domicile des iustes, vis, vis en
ceste bien-heureuse assemblee, au
milieu des thresors & des delices qui
ne sont point perissables, & où les
passions humaines ne donnẽt point
d'attainte: L'Eternel qui t'en fait lar-
gesse te traitte encore là haut en Roy
en te couronnãt de ses palmes: C'est
la troi

la troisiesme Couronne qui t'atten-
doit au Ciel pour y regner au rang de
ces vieux Roys de l'antiquité qui sont
montez par les degrez de la vertu sur
le throsne des biē-heureux, ou Dieu
t'a donné vne place, se souuenant de
l'amour que tu as porté à ses Autels,
& des pardons que tu as eslargis ça-
bas aux hommes, & à tes propres ennemis : car les Roys trouuent lahaut
la misericorde qu'ils exercent en ce
monde, comme des graces qui leur
sont renduës auec vsure : Ainsi as tu
receu l'interest des œuures de ta clemence : ainsi sont les vertus recōpen-
sees, & temporellement par les honneurs de la renommee & diuinement
par les thresors de la beatitude. Et ainsi ô grand Roy sont les tiennes reco-
gnuës de ces deux sortes de recompē-
ce. Ie parle à toy, m'imaginant que tu
m'entends,& que tu reçois encore les
offrandes que ma Muse souloit pre-
senter à tes yeux. Mais quoy? c'est vne
illusion que l'amour & le dueil formēt
en mon esprit, & qui me faisant prendre l'ombre pour le corps, fait que ie

ne parle qu'à tes ombres : ce ne ſont
pas icy, Grand Monarque, les loüanges que ie ſoulois prononcer deuant
ta face, lors que receuant fauorable-
ment les ouurages de mon zele, ma
voix eſtoit animee de ceſt honneur &
de la reuerence de ta Majeſté : ce ne
ſont pas icy les mouuements d'vn ſu-
ject qui parle à ſon Prince, & qui con-
téple ſa perſonne d'autres loüanges
vne autre voix & d'autres mouuemés
s'addreſſent à toy , & conduiſent ma
parolle : Ie te loüe comme on fait les
grands Monarques qui ne regnent
plus au monde : ie parle & ſuis eſmeu
comme vn ſubiect & vn ſeruiteur qui
a perdu ſon Roy & ſon Maiſtre, la preſence de qui nous tenoit lieu de ſou-
uerain bien, cóme s'il y auoit en cela
quelque rapport à la felicité des bien-
heureux, qui conſiſte en la viſion de
Dieu : Auſſi nos Roys ſont nos Dieux
de la terre, en la veuë deſquels conſiſte la beatitude humaine des hómes.
Or ſoit que tu m'entendes, ou que
ma voix ſe perde dans l'air : Ie me
donne ceſte miſerable conſolation de

parler de tes merites à toy mesmes, &
de laisser au monde les caracteres de
ta loüange, comme vn deuoir qui te
sera plus vtile que mes larmes: car de
pleurer incessamment aux pieds de
tes images, ce n'est qu'arroser la terre,
& t'offrir les dons de la douleur, &
non de l'esprit, qui comme vne cause
immortelle produit des effects qui
seruent à l'immortalité des grands
Princes. Que tous les esprits, donc
que le Ciel a esleuez & retenus pour
les faire reuiure, cõsacrẽt leurs forces
& leurs labeurs à l'eternité de ton nõ,
ie les y exhorte, la raison les y conuie,
& tes vertus les y obligent. En te
loüant ie soulage l'affliction des trois
ordres de ta Prouince, qui par des cõ-
muns souspirs deplorent leur disgra-
ce: ils ont droit de pleurer, & chascun
iustifie ses larmes, l'Eglise a perdu vn
Prince tref Chrestien & plein de pieté, la Noblesse vn Roy magnanime &
plein de courage, le peuple vn Monarque remply de bonté & de sagesse,
& tous ensemble le plus grand Roy

qui aye iamais regné entre les hommes: S'ils tirent quelque soulagemét
de ce discours, ils le deuront au seul
dessein que i'ay de t'honorer: car ce
sont icy des termes de loüange pour
toy, & non de consolation pour personne, & me semble que ie ferois tort
à mon zele & à ma raison si i'auois icy
d'autre but que l'honneur de ta memoire. Non, non, Grand Roy, ie parle veritablement de toy & non chari-
tablement pour autruy, & si ie disois
autrement, ce seroit vne charité mar-
quee d'hipocrisie, au lieu que c'est vn
deuoir marqué d'amour & de verité:
Et comment pourrois ie faire l'office
de consolateur, veu que i'approuue
tant nostre regret, qu'encore que ie
deusse tirer quelque allegement de
cest ouurage ma douleur m'y feroit
renoncer, tant ie la trouue plus iuste
que la consolation : Ce n'est pas que si
le Ciel nous l'enuoye il la faille refu-
ser, puis que c'est vn don de sa grace:
Mais de la demander à la prudence
humaine, c'est tesmoigner qu'on est
las de regretter vne chose qu'on ne

pouuoit assez aimer, & qu'on ne sçau-
roit trop plaindre : face le temps ce
qu'il voudra, pour nous faire oublier
ta mort, elle sera tousiours memora-
ble & regrettable aux belles ames : Et
n'est pas possible de reuoir vn siecle
d'amour, de gloire & de delices pareil
à celuy qui s'est esuanoüy auec ta vie:
Aussi ne voulôs nous plus cognoistre
la joye, elle ne peut paroistre que sous
vn faulx visage, & me semble (ou ma
douleur me le persuade) qu'elle ne
peut maintenant loger les ris que sur
le front de ceux de qui les cœurs sont
insensibles. Tes merites, Grand Roy
(qui comme vn champ infiny de gloire) demanderoient plustost l'organe
des Anges que des hommes) me fe-
roient encore parler, mais comme les
grandes douleurs n'ont pas beaucoup
de langage, ie suis contraint de me
taire, & laisser le pinceau à quelqu'autre pour acheuer le portraict de tes
merueilles que i'ay si legerement es-
bauché, que les traicts n'en sont pas
encore recognoissables. Cependant ô
Monarque glorieux, si dãs ce Royau-

me Eternel ou tu regnes par grace, il
te souuient du tien temporel ou nous
te suruiuons par malheur, aye quelque soing de nous par charité Chrestienne, comme tu en auois par prudence Royalle, & te resiouys d'auoir
laissé en l'exemple de ta vie vn mo-
dele de vertu à tous les Roys de la
terre, vne instruction à tes enfans, &
vn subject à tout le monde pour t'ad-
mirer & honnorer ta memoire.

F I N.

EXTRAICT DV PRIVI-
lege du Roy.

PAr grace & Priuilege du Roy, il est
permis à Anthoine du Brueil, Marchād
Libraire Iuré en l'Vniuesirté de Paris, d'imprimer ou faire imprimer *Les œuures du sieur*
de Nerveze Secretaire de la Chambre
du Roy. Et deffences sont faictes à tous
autres Libraires, & Imprimeurs de ce
Royaume, de les imprimer ou faire imprimer, soit ensemblément ou separees, ny en
extraire aucune chose, sans le congé &
consentement dudict du Brueil, pendant
le temps & terme de dix ans entiers, &
accomplis, sur peine de confiscation des im-
pressions qui en seront trouuees, & de deux
cens escus d'amende, appliquables, la moitié au Roy, & l'autre audit du Brueil, & de
tous les despens dommages & interests, cōme plus amplement est contenu & declaré
és lettres dudict Priuilege. Donné à Paris le
11. Mars, 1605.

Par le Roy en son Conseil.
BRIGARD.

Signé en queuë.

Par le sieur D'AMBOISE, Maistre des Re-
questes.

Ledict du Brueil à consenti & consent que
Toussaincts du BRAY aussi marchand Librai-
re à Paris, iouysse dudit priuilege, ainsi qu'il a esté
accordé entr'eux és Estudes des Notaires soubs-si-
gnez, le 28. de May. 1605.

COSTERBAY.

IANOT.